Aretha

Por Un

https://campsite.bio/unitedlibrary

Índice

Descargo de responsabilidad

Este libro biográfico es una obra de no ficción basada en la vida pública de una persona famosa. El autor ha utilizado información de dominio público para crear esta obra. Aunque el autor ha investigado a fondo el tema y ha intentado describirlo con precisión, no pretende ser un estudio exhaustivo del mismo. Las opiniones expresadas en este libro son exclusivamente las del autor y no reflejan necesariamente las de ninguna organización relacionada con el tema. Este libro no debe tomarse como un aval, asesoramiento legal o cualquier otra forma de consejo profesional. Este libro se ha escrito únicamente con fines de entretenimiento.

Introducción

Sumérjase en el fascinante mundo de Aretha Louise Franklin, la incomparable cantante, compositora y pianista estadounidense cuya voz y arte han dejado una huella indeleble en la historia de la música. El libro de Aretha Franklin es una exploración íntima de la vida y el legado de la mujer que Rolling Stone aclamó como la mejor cantante de todos los tiempos.

Nacida en el seno de una familia de músicos de Detroit (Michigan), el prodigioso talento de Aretha Franklin se hizo patente desde su más tierna infancia, cuando deslumbraba al público con sus cantos gospel en la iglesia baptista New Bethel. Su camino hacia el estrellato comenzó cuando, a los 18 años, firmó con Columbia Records, sentando las bases de una carrera que definiría una época.

Sin embargo, fue su emblemática colaboración con Atlantic Records en 1966 lo que catapultó a Franklin a la fama internacional. Con éxitos como "Respect", "(You Make Me Feel Like) A Natural Woman" y "Think", se convirtió en algo más que una cantante: se convirtió en un símbolo de empoderamiento y en la voz de una generación.

El libro se adentra en sus célebres álbumes, entre ellos "Lady Soul", "Amazing Grace" y "Young, Gifted and Black", destacando su incomparable impacto en la música soul, R&B y gospel. A medida que su carrera evolucionaba, Franklin siguió reinventándose, desde su época en Arista Records hasta su resurgimiento a finales de los 90 con "A Rose Is Still a Rose".

La extraordinaria trayectoria de Franklin está jalonada por 18 premios Grammy, la Medalla Nacional de las Artes, la Medalla Presidencial de la Libertad y su ingreso en el Salón de la Fama del Rock and Roll y en el Salón de la Fama de la Música del Reino Unido.

Este libro es un sentido homenaje a una artista cuya poderosa voz y música atemporal siguen resonando en el público de todo el mundo, inspirando a generaciones y consolidando su legado como auténtico icono de la música.

Aretha Franklin

Aretha Louise Franklin, nació el 25 de marzo de 1942 en
Memphis (Tennessee) y falleció el 16 de agosto de 2018
en Detroit (Michigan), fue una cantante, pianista y
compositora estadounidense de soul, jazz, góspel y
rhythm and blues. Con frecuencia se hace referencia a ella
como *"La Reina del Soul"*.

Activista de los derechos civiles junto a Martin Luther
King, mujer de lucha, diva y portavoz de todo un pueblo,
Aretha Franklin está considerada la cantante
afroamericana más influyente del siglo XXe . Sus álbumes *I
Never Loved a Man* en 1967, *Lady Soul* en 1968 y *Young,
Gifted & Black* en 1972 redefinieron los códigos de la
música contemporánea, popularizando con Ray Charles *la
música soul,* mezcla de R&B y gospel. Entre sus grandes
éxitos figuran *Think, (You Make Me Feel Like) A Natural
Woman, I Say a Little Prayer, I Never Loved A Man, Ain't
No Way, I Knew You Were Waiting (For Me)* a dúo con
George Michael, *Freeway of Love*, *Chain of Fools*, *Angel* y
Respect.

Chain of Fools se convirtió en una canción de protesta
contra la guerra de Vietnam entre los militares
estadounidenses. En 1967, *Respect* se convirtió en himno

feminista y símbolo de la lucha por la libertad de la comunidad afroamericana.

La influencia de Aretha en la música contemporánea ha sido de gran alcance, allanando el camino a otras grandes intérpretes femeninas, como Patti LaBelle, Donna Summer, Natalie Cole, Whitney Houston, Amy Winehouse, Mariah Carey, Mary J. Blige, Beyoncé, Adele y Alicia Keys. Tom Jones, Elton John, Freddie Mercury, Prince, David Bowie y Luther Vandross también han señalado la influencia de Franklin en su forma de hacer música y de cantar. Aretha Franklin fue una de las primeras artistas en acompañarse a sí misma al piano y popularizó el melisma en la música contemporánea, técnica que consiste en cantar una sola sílaba sobre varias notas.

Es la artista femenina que más discos ha vendido en la historia de la industria discográfica estadounidense, con 112 canciones en *las listas de* Estados Unidos, entre ellas veinte números 1 en la categoría R&B. Con 75 millones de copias vendidas, sigue siendo la artista femenina que más discos vende en vinilo y, en general, una de las artistas más vendidas de todos los tiempos. Con más de 75 millones de copias vendidas, sigue siendo la artista femenina que más vinilos vende y, en general, una de las artistas más vendedoras de todos los tiempos.

Con dieciocho premios Grammy en su haber, Aretha Franklin es una de las artistas más galardonadas de Estados Unidos. En 1987 fue la primera mujer en entrar en el Salón de la Fama del Rock and Roll. Recibió la Medalla Nacional de las Artes con el Presidente Bill Clinton y la Medalla Presidencial de la Libertad, la más alta condecoración para un ciudadano estadounidense, con el Presidente George W. Bush. En 2009, cantó en la toma de posesión de Barack Obama, el primer Presidente afroamericano de Estados Unidos. En 2010 y 2023, la revista *Rolling Stone* la clasificó primera entre las mejores cantantes de todos los tiempos. En 2019, el jurado del Premio Pulitzer le concedió el galardón a título póstumo "por su indeleble contribución a la música y la cultura estadounidenses durante más de cinco décadas". En 2020, la revista *Rolling Stone* elaboró su ranking de los 500 mejores álbumes de todos los tiempos, en colaboración con trescientos profesionales de la música. Aretha colocó cuatro álbumes en la lista: *I Never Loved A Man (The Way I Love You)* (13e), *Lady Soul* (75e), *Amazing Grace* (154[e] , el álbum gospel más vendido de la historia) y *Young, Gifted & Black* (388).[e]

A su muerte, fue aclamada por su activismo en favor de las mujeres y la comunidad afroamericana, así como por su talento como artista.

Biografía

Niños

Aretha Louise Franklin nació el 25 de marzo de 1942, hija de Barbara (de soltera Siggers) y Clarence LaVaughn "C. L ". Franklin. Su madre dio a luz en la casa familiar del 406 de Lucy Avenue, en Memphis. Su padre era un ministro baptista de Shelby, Mississippi, mientras que su madre era una consumada pianista y cantante de gospel. Barbara y Clarence Franklin tenían hijos de relaciones anteriores, además de los cuatro que tuvieron juntos. Cuando Aretha tenía dos años, la familia se trasladó a Buffalo, Nueva York. A los cinco años, Aretha Franklin se trasladó a Detroit (Michigan), donde su padre asumió el cargo de pastor de la iglesia baptista New Bethel.

El matrimonio Franklin se vio afectado por las infidelidades de Clarence Franklin. La pareja se separó en 1948. Barbara Franklin regresó a Buffalo con Vaughn, hermanastro de Aretha, dejando a Clarence Franklin a cargo de los demás hijos. Después de la separación, Aretha recordaba visitar regularmente a su madre en Buffalo durante el verano, quien a su vez iba a menudo a verlos a Detroit. Finalmente, su madre murió de un ataque al corazón el 7 de marzo de 1952, antes del décimo cumpleaños de Aretha. Varias mujeres, entre ellas la abuela de Aretha, Big Mama Rachel, y la legendaria cantante de gospel Mahalia Jackson, se turnaron para ayudar a los niños Franklin. Fue en esta época cuando Aretha aprendió a tocar el piano. Autodidacta, tocaba de oído. Su padre se divertía haciéndola tocar las melodías que oía en la radio. Aretha pronto perfeccionó su estilo para convertirse en una artista y pianista experimentada. Asistió a la escuela pública de Detroit, pasando su primer año en Northern High School antes de abandonar los estudios en su segundo año.

La popularidad de su padre pronto se hizo nacional. Los sermones de Franklin le valieron el título de "el hombre de la voz del millón de dólares". Consiguió ganar miles de dólares al convertirse en el primer pastor que retransmitía sus sermones por radio, cuando no estaba recorriendo el país y varias iglesias él mismo. C. Además de pastor, Franklin fue un ferviente activista de los derechos civiles (Martin Luther King se alojó en su casa cuando estuvo en Detroit). Su fama le valió la visita de numerosas personalidades. Entre los visitantes recurrentes se encontraban la legendaria Clara Ward, James Cleveland y las integrantes de las caravanas Albertina Walker e Inez Andrews. Jackie Wilson y Sam Cooke también se hicieron amigos de C. L. Franklin. Clara Ward se convirtió en la amante del padre de Aretha desde 1949 hasta su muerte en 1973, aunque Aretha "prefería pensar en ellos estrictamente como amigos". Clara Ward también sirvió de modelo para la joven Aretha, inspirándola para convertirse en cantante.

Debut en el gospel (1954-1960)

Cuando murió su madre, Aretha Franklin empezó a cantar como corista en la iglesia baptista New Bethel, comenzando con el himno *Jesus, Be a Fence Around Me*. A los 12 años, su padre empezó a dirigirla. La llevó de gira con él en su "caravana del gospel" para actuar en varias iglesias. También consiguió que firmara su primer contrato con J.V.B. Records. Se instaló un equipo de grabación en la iglesia baptista New Bethel y se grabaron nueve temas. Dio a luz a su primer hijo, llamado Clarence en honor a su padre, el 28 de enero de 1955, antes de celebrar su 13 cumpleaños .

El 31 de agosto de 1957, a la edad de 15 años, Aretha Franklin dio a luz a su segundo hijo, Edward Derone Franklin .

En 1956, J.V.B. lanzó el primer sencillo de Aretha Franklin, *Never Grow Old*, acompañado de *You Grow Closer*. *Precious Lord (Part One)* y *Precious Lord (Part Two)* siguieron en 1959. Estos cuatro temas, más There *Is a Fountain Filled with Blood,* aparecieron en el álbum *Spirituals* de 1956. En 1965, Checker Records publicó una segunda versión del álbum, *Songs of Faith*, que incluía los cinco temas del álbum *Spirituals* de 1956 más cuatro grabaciones inéditas. Aunque el álbum no fue un éxito comercial, sirvió para introducir a Aretha Franklin en el circuito gospel. Acompañándose al piano y cantando estos espirituales negros, Aretha impresionó a los más grandes cantantes de gospel de la época, sobre todo a Mahalia Jackson y James Cleveland, amigos íntimos de Aretha y considerados hasta hoy la Reina y el Rey del Gospel.

En esta época, Aretha Franklin viajaba ocasionalmente con The Soul Stirrers, la banda de Sam Cooke. En verano, Aretha se alojaba a menudo en Chicago con la familia de Mavis Staples, cuyo grupo familiar The Staple Singers empezaba a hacerse un nombre. Según el productor musical Quincy Jones, cuando Aretha aún era joven, la "Reina del Blues" Dinah Washington predijo que Aretha era "la próxima". A los 16 años, Aretha Franklin se fue de gira con Dr Martin Luther King. Apoyó la labor del pastor y cantó para él en varias ocasiones, incluido su funeral en 1968.

A los 18 años, Aretha confió a su padre que quería seguir a Sam Cooke y grabar música "secular", R&B y pop, una rareza en una época en la que el paso de la música sacra a la secular no solía ser aceptado. El reverendo C.L Franklin se mostró comprensivo y animó a su hija. Así que se trasladó a Nueva York con la esperanza de conseguir un contrato con una compañía discográfica. Su padre participó como manager en la producción de una maqueta de dos canciones. La maqueta cayó en manos de John Hammond, un famoso productor de Columbia Records. Hammond, que había descubierto a Billie Holliday diez años antes, vio inmediatamente en Aretha una revelación. El hombre que descubriría al mismo tiempo a Barbra Streisand y Bob Dylan fichó a Aretha en 1960. Al mismo tiempo, Aretha tomó clases con el coreógrafo Cholly Atkins para preparar sus actuaciones sobre el escenario. El fichaje de Aretha por Columbia fue una victoria para John Hammond, dadas las ofertas que le hicieron al mismo tiempo las discográficas RCA y Motown. Sam Cooke intentaba desesperadamente convencer al padre de Franklin de que la fichara para su sello, RCA. Del mismo modo, el fundador de Motown, Berry Gordy, intentaba que Aretha y su hermana mayor Erma firmaran con su sello. C.L. Franklin consideraba que la discográfica aún no estaba suficientemente consolidada y rechazó la petición de Gordy.

El sencillo *Today I Sing the Blues* de Aretha Franklin se publicó en septiembre de 1960 y alcanzó el top 10 de las listas de R&B. Su carrera musical estaba definitivamente lanzada. Su carrera musical había despegado definitivamente.

Introducción al jazz en Columbia (1960-1966)

En enero de 1961, Columbia publicó el primer álbum de jazz de Aretha: *Aretha: With The Ray Bryant Combo*. El álbum contenía su primer sencillo, *Won't Be Long*, que entró en la lista Billboard Hot 100 y alcanzó 7e en la lista R&B. El éxito fue modesto pero alentador para la cantante de 18 años. El éxito fue modesto pero alentador para la cantante de 18 años. Producidas principalmente por Clyde Otis, las grabaciones de Columbia consagraron a Aretha como cantante de jazz en la tradición de Sarah Vaughan, Billie Holiday y Ella Fitzgerald' . Aretha cantaba standards americanos, jazz vocal, blues, doo-wop y rhythm and blues. Ese mismo año grabó *Rock-a-Bye Your Baby with a Dixie Melody*. La canción alcanzó el top 40 en Australia y Canadá. A finales de 1961, Aretha Franklin fue nombrada "Nueva estrella femenina" por la revista *DownBeat*. En 1962, Columbia publicó dos álbumes más, *The Electrifying Aretha Franklin* y *The Tender, the Moving, the Swinging Aretha Franklin*. Aunque muchas de sus canciones sonaban en la radio, las ventas de sus discos no despegan.

Sin embargo, en 1962, durante una actuación en el Regal Theater de Chicago, Pervis Spann, una popular personalidad de la radio WVON, proclamó a Aretha Franklin "Reina del Soul". El apodo hizo historia y se convirtió en el título oficial de Aretha Franklin' . Ahora era reconocida por sus colegas como cantante de jazz e impresionó tanto a Etta James como a Sarah Vaughan. De hecho, Sarah Vaughan afirmó que no había vuelto a cantar *Skylark* despues de escuchar la versión de Aretha, que consideraba incomparable . En 1964, Aretha empezó a grabar más música pop y alcanzó el top ten de las listas de R&B con su balada *Runnin' Out of Fools a* principios de 1965. A la muerte de la reina del blues Dinah Washington, Aretha grabó un álbum de homenaje a la cantante, *Unforgettable: A Tribute to Dinah Washington*. Ahora se considera su mejor álbum para Columbia, pero cuando salió a la venta parecía desentonar con los éxitos de la época. En una época en la que América estaba siendo arrasada por los Beatles y los artistas de la Motown, este bello homenaje a una artista de los años 50 parecía anticuado y pasado de moda. Varias de sus canciones aparecieron en las listas de 1965 y 1966: *One Step Ahead* y *Cry Like a Baby*, luego *You Made Me Love You* y *(No, No) I'm Losing You*.

A mediados de los sesenta, Aretha ganaba 100.000 dólares al año por sus múltiples actuaciones en clubes nocturnos y teatros. También aparecía en programas de rock and roll como *Hollywood A Go-Go* y *Shindig!* . Sus actuaciones en televisión fueron aclamadas: se destacó el gran talento de esta joven cantante, que se acompañaba a sí misma al piano y cantaba jazz como si entonara himnos gospel.

Sin embargo, aunque Aretha recibió una difusión radiofónica masiva y se hizo un nombre (y a sí misma), las ventas de sus discos fueron escasas. John H. Hammond, director de la discográfica, declaró más tarde que el error de Columbia fue haber olvidado las raíces gospel de Aretha⸴. Su voz se consideraba demasiado "negra" para vender tan bien como la de Barbra Streisand y sus canciones demasiado jazz para convertirla en una cantante de moda junto a Dionne Warwick y Diana Ross. Finalmente, Aretha abandonó Columbia y se unió a Atlantic Records en 1966, el famoso sello dirigido por Ray Charles y Solomon Burke, grandes figuras de la música soul de los años sesenta.

Soul en alza en Atlantic (1967-1979)

En noviembre de 1966, su contrato con Columbia expiró y Aretha se pasó a Atlantic Records. En enero de 1967, la cantante viajó a Muscle Shoals, Alabama, para grabar en los famosos estudios FAME. Según sus propias palabras, "me senté al piano y los éxitos aparecieron". Grabó la canción *I Never Loved a Man (the Way I Love You)*. Cuando se sentó al piano y empezó a cantar, todo el estudio se quedó atónito" . La grabación pudo comenzar. Aretha sólo pasó un día en el estudio tras un violento altercado entre su mánager y marido, Ted White, el dueño del estudio, Rick Hall, y un trompetista. Las sesiones se interrumpieron, pero la canción se publicó finalmente al mes siguiente, alcanzando el número uno en las listas de R&B y el número nueve en el Billboard Hot 100. Por primera vez en su carrera, Aretha consiguió un disco de oro y un sencillo vendió más de un millón de copias. La intuición de su productor Jerry Wexler fue dejar que Aretha se expresara libremente y tomara el control de la dirección artística de su música. Aretha elegía su propio repertorio, arreglaba ella misma las canciones al piano y dirigía a sus coristas.

El éxito no se detuvo ahí. El 10 de abril de 1967, Atlantic lanzó un segundo sencillo del álbum, el doble *Respect/Dr Feelgood*. Este segundo sencillo tuvo aún más éxito que el primero. *Respect* encabezó las listas de R&B y pop durante 8 semanas. La exigencia de respeto de Aretha caló hondo en la sociedad estadounidense de la época. La canción se convirtió rápidamente en el tema emblemático de la cantante, un himno de los derechos civiles y un himno feminista' . Sin embargo, la canción estaba tomada de una versión anterior del tema publicada un año antes por Otis Redding. Al escuchar la versión de Aretha, Otis Redding admitió que su canción se le había escapado. Aretha reinventó por completo la canción, coreando cada letra de R-E-S-P-E-C-T, y añadió un estribillo de fondo con la frase de moda "*sock it to me*". La canción, con connotaciones sexistas cuando la cantaba Otis, se convirtió en un himno de fuerza y respeto en la interpretación de Aretha Franklin. "Es un grito de guerra para el movimiento por los derechos civiles", escribió Aretha en sus memorias. El movimiento por los derechos civiles hizo de la canción un mantra y de Aretha un símbolo de la lucha por la igualdad y la libertad. La revista *Rolling Stone situó* la canción en el número cinco de su lista de las mejores canciones de todos los tiempos. El fenómeno Aretha Franklin estaba lanzado.

El primer álbum de Aretha para Atlantic, *I Never Loved a Man the Way I Love You, fue* un gran éxito comercial y de crítica. 1967 marcó el inicio de la época dorada de Aretha, que no terminaría hasta una década después. Durante este periodo, obtuvo una veintena de discos de oro y 8 álbumes encabezaron las listas de R&B. *Baby I Love You* y *(You Make Me Feel Like) A Natural Woman* fueron grandes éxitos. En 1968, Aretha publica los álbumes *Lady Soul* y *Aretha Now*, con los éxitos *Chain of Fools*, *Ain't No Way*, *Think* y *I Say a Little Prayer*. En febrero, Aretha ganó sus dos primeros *Grammy*, incluido el de mejor vocalista femenina de R&B, una categoría inspirada por el éxito de Aretha₎ . Ganó el mismo Grammy ocho veces consecutivas. Pronto pasó a llamarse The Aretha Award.

Su éxito trascendió rápidamente el ámbito musical. El 16 de febrero de 1967 fue declarado Día de Aretha Franklin. Fue recibida por su viejo amigo Martin Luther King Jr, que la consideraba una importante portavoz de la lucha por los derechos civiles en Estados Unidos" . Poco después, Aretha emprendió en mayo su primera gira fuera de Estados Unidos, en particular en el Concertgebouw de Ámsterdam, donde actuó ante un público casi histérico que la colmó de flores en el escenario. También tuvo una actuación destacada en el Olympia de París, donde grabó su segundo álbum en directo. Ese mismo año apareció en la portada de la revista *Time, por* primera vez para una artista negra. En 1968 se convirtió en la personalidad negra más famosa después de Martin Luther King.

El éxito de Aretha no cesó a principios de los setenta, cuando grabó los números uno *Don't Play That Song (You Lied)*, *Spanish Harlem*, *Rock Steady* y *Day Dreaming*.

Aunque rechazó varias canciones a lo largo de su carrera, algunas de las cuales se convirtieron en éxitos internacionales -*Son Of A Preacher Man* de Dusty Springfield, *This Will Be* de Natalie Cole, *Upside Down'* de Diana Ross-, finalmente grabó una versión de *Son Of A Preacher Man en* 1970, un año después de la versión de Dusty Springfield.

La fórmula de los álbumes era la misma que en los años sesenta, salvo que Aretha escribía y componía más. Los álbumes *Spirit in the Dark* y *Young, Gifted and Black* volvieron a ser éxitos. En 1971, Aretha se convirtió en la primera artista de R&B en tocar en el Fillmore West de San Francisco, y ese mismo año publicó el álbum en directo *Aretha Live at Fillmore West*. En pleno concierto, vio a Ray Charles y le invitó a subir al escenario. Juntos improvisaron *Spirit In The Dark*, un momento inmortalizado en el álbum en directo' . Ray Charles llamó a Aretha su "única hermana de verdad", la única cantante con la que podía compararse.

En 1972, Aretha volvió a sus raíces evangélicas y grabó el álbum *Amazing Grace*, en el que interpretaba himnos y standards como *How I Got Over*, de Mahalia Jackson, en un servicio religioso. También incluyó canciones de

Marvin Gaye y Carole King, para demostrar que la música sacra y el pop no se excluían mutuamente. El album se grabó durante dos noches en la New Temple Missionary Baptist Church de Los Ángeles. Su padre estuvo presente, al igual que la familia Ward y Mick Jagger. *Amazing Grace* vendió más de dos millones de copias ese año y sigue siendo el álbum de gospel más vendido de la historia. Las actuaciones en directo fueron filmadas por Sydney Pollack, pero debido a problemas de sincronización del sonido, la película no fue estrenada hasta 2018 por el productor Alan Elliott. El año 1972 marcó el apogeo de la carrera de Aretha, cuando estaba en la cima de su carrera, tanto comercial como musicalmente.

Después se unió a Quincy Jones en 1973 para la grabación de su nuevo álbum *Hey Now Hey*. Quincy Jones diría más tarde que Aretha era la artista más impresionante junto con Michael Jackson. El álbum estaba marcado por influencias jazzísticas y brillantes partes de piano escritas e interpretadas por Aretha. A pesar del éxito del sencillo *Angel,* escrito por su hermana Carolyn Franklin, el álbum no despegó en las listas en su lanzamiento. Esto no impidió a Aretha grabar varios éxitos, entre ellos *Until You Come Back to Me,* escrito para ella por Stevie Wonder, y *I'm in Love*.

En 1976, Aretha trabajó en la banda sonora de la película *Sparkle* con Curtis Mayfield, a quien admiraba especialmente. El álbum dio a Aretha su último gran éxito de la década con *Something He Can Feel,* que alcanzó el número uno en las listas de R&B. Aretha considera *Sparkle* su mejor álbum. Consiguió reinventarse tanto vocal como musicalmente. Sin ceder a las influencias disco de moda, *Sparkle* rebosa de influencias funk y soul, tanto de la vieja escuela como de la nueva. Aretha estaba de nuevo en la senda del éxito. Sin embargo, los siguientes álbumes, *Sweet Passion* (1977), *Almighty Fire* (1978) y *La Diva* (1979), fueron decepcionantes. Aretha Franklin, abrumada por el movimiento disco con el que no se identificaba, abandonó finalmente Atlantic Records y se unió a Arista Records en 1979.

Los años del pop en Arista (1980-2008)

En 1980, tras abandonar Atlantic Records, Aretha firmó con Arista Records y Clive Davis. Ese mismo año dio un concierto a medida en el Royal Albert Hall de Londres ante la Reina Isabel. Aretha fue invitada a participar en el rodaje de The Blues Brothers en 1980. Interpretó a la dueña de un restaurante de cocina y esposa de Matt "Guitar" Murphy. Compartió cartel con las otras dos grandes estrellas del soul de los años 60: James Brown y Ray Charles. Para la ocasión, volvió a grabar su canción *Think*. La actuación de Aretha fue aclamada por la crítica. *Think* se convirtió en uno de los temas emblemáticos de Aretha y su canción más conocida en Francia" .

Ese mismo año publicó su primer álbum con Arista Records, que incluía sus dos primeros éxitos de la década, *United Together,* y su versión de *I Can't Turn You Loose* de Otis Redding, nominada a un Grammy al año siguiente. El siguiente álbum, *Love All the Hurt Away* (1981), incluía su famoso dúo con George Benson en la canción principal, así como su versión de *Hold On, I'm Comin',* de Sam & Dave, que le valió otro premio Grammy. En 1982, Aretha se convirtió en disco de oro -por primera vez en siete años- con el álbum *Jump to It,* producido por Luther Vandross, ferviente admirador de la cantante. Al año siguiente, lanzó *Get It Right, de* nuevo producido por Luther Vandross". Al igual que *Jump To It, la canción se disparó a lo* más alto de las listas de R&B. En 1985, *Who's Zoomin' Who?* se convirtió en el primer disco de platino de Arista Records. El álbum vendió más de un millón de copias, impulsado por el éxito de *Freeway of Love*, la canción que da título al álbum, y *Another Night*. Al año siguiente, publicó un segundo álbum de éxito con los sencillos *Jumpin' Jack Flash*, *Jimmy Lee* y *I Knew You Were Waiting for Me, el* famoso dúo que compartió con George Michael. Andy Warhol diseñó la portada del álbum. En 1987, volvió a la música de su infancia con un tercer álbum de gospel, *One Lord, One Faith, One Baptism*, grabado en la iglesia baptista New Bethel de su difunto padre. En 1989, publicó *Through the Storm* y grabó duetos con Whitney Houston, James Brown y Elton John.

Ese mismo año, Aretha interpretó *America the Beautiful en* Wrestlemania III de la WWE.

Sin embargo, la década de 1990 fue menos exitosa para Aretha. En 1991, su álbum *What You See is What You Sweat* se vendió mal. En 1993, cantó en la toma de posesión de Bill Clinton y actuó en la Casa Blanca para el Presidente y la Primera Dama, de quienes se hizo amiga. Aretha volvió a las listas en 1993 con la canción *A Deeper Love* de la película Sister Act, y en 1994 con la canción *Willing to Forgive*. También compuso una canción para un álbum de homenaje a Lady Diana, para un disco de Curtis Mayfield y para la banda sonora de una película sobre la vida de Malcolm X: *Someday We'll All Be Free*.

Sin embargo, a finales de los años 90, Aretha se había consolidado como cantante de primera fila. En 1998, compartió cartel en el concierto *Divas Live* organizado por VH1 en el Beacon Theatre de Nueva York con Mariah Carey, Céline Dion, Shania Twain, Carole King y Gloria Estefan. Su interpretación de Natural Woman con las demás *divas* hizo historia. En 1998 se reinventó con el lanzamiento de *A Rose Is Still A Rose*, producido y escrito por Lauryn Hill, de The Fugees. El álbum homónimo fue un éxito, vendió más de 500.000 copias y le valió a Aretha otro disco de oro.

Ese mismo año, intervino con poca antelación para sustituir a Luciano Pavarotti en la entrega de los Grammy'

. Esa noche, cuando el espectáculo ya había empezado, Luciano Pavarotti se puso en contacto con los productores de los Grammy y anunció que estaba demasiado enfermo para interpretar el aria de ópera *Nessun Dorma* como estaba previsto. 20 minutos antes de la actuación, los productores del espectáculo pidieron a Aretha que sustituyera al cantante de ópera. Aretha, amiga de Pavarotti, había cantado la canción dos noches antes en un acto para MusiCares. Escuchó la grabación del ensayo de Pavarotti y aceptó cantar la canción en el registro de tenor y en la tonalidad preparada por la orquesta. Presentada por Sting, que explicó lo inesperado al público, Aretha llegó por fin al escenario. El público la ovaciona. Volvió a cantar la canción en Filadelfia para el Papa Francisco en el Encuentro Mundial de las Familias en septiembre de 2015. En medio de la actuación, un niño pequeño, emocionado por la actuación de Aretha, subió al escenario y la besó.

En 2003, Aretha publicó *So Damn Happy* y la canción *Wonderful,* ganadora de un Grammy. En 2004 anunció que dejaba Arista Records tras más de 20 años con la discográfica. Sin embargo, para completar sus obligaciones, publicó un último álbum recopilatorio de duetos, *Jewels in the Crown*. Al año siguiente, publicó el álbum navideño *This Christmas* en DMI Records. En febrero de 2006, cantó *The Star-Spangled Banner* con

Aaron Neville y Dr. John en la Super Bowl XL, celebrada en Detroit, su ciudad natal.

Los últimos años (2008-2018)

El 20 de enero de 2009, Aretha Franklin volvió a la palestra al interpretar *My Country, 'Tis of Thee en* la ceremonia de investidura del Presidente Barack Obama. El sombrero que llevaba ese día se convirtió en objeto de culto. En 2011, Aretha, bajo su propio sello Aretha's Records, publicó el álbum *Aretha: A Woman Falling Out of Love*.

En 2014, Aretha fichó por RCA Records, controladora del catálogo de Arista Records y sello hermano de Columbia y Sony Music Entertainment. Se reunió con su productor Clive Davis. Se grabó un álbum con los productores Babyface y Danger Mouse. El 29 de septiembre de 2014, Aretha apareció en el Late Show de David Letterman con Cissy Houston y cantó *Rolling in the Deep* de Adele y *Ain't No Mountain High Enough* de Marvin Gaye/Diana Ross. Su versión de Rolling in *the Deep* aparece en su primer y último álbum para RCA, Aretha Franklin Sings the Great Diva Classics, publicado en octubre de 2014. Al hacerlo, se convirtió en la primera mujer en tener cien canciones en la lista Hot R&B/Hip-Hop Songs de Billboard con el éxito de su versión de *Rolling in the Deep* de Adele.

Actuó en la Casa Blanca en 2015, cantando *I Never Loved A Man* y *Amazing Grace*. En diciembre de 2015, Aretha cantó *(You Make Me Feel Like) A Natural Woman* en los Kennedy Center Honors de Washington para Carole King, homenajeada esa noche. Barack Obama, embargado por la emoción, no pudo contener las lágrimas' . Hacia el final de la canción, dejó caer su abrigo de piel al escenario, lo que le valió una gran ovación del público. Fue su última gran actuación. Volvió al Ford Field de Detroit el Día de Acción de Gracias de 2016 para interpretar de nuevo el himno nacional en el partido entre los Minnesota Vikings y los Detroit Lions. Sentada detrás del piano, con un abrigo de piel negro y una gorra de los Lions, Aretha cantó *The Star-Spangled Banner* durante más de cuatro minutos e incluyó varias improvisaciones.

Aretha lanzó su último álbum *A Brand New Me* en noviembre de 2017 con la Royal Philharmonic Orchestra de Londres, utilizando grabaciones de archivo de Aretha con las que reorganizaron sus mejores canciones.

Aretha canceló varios conciertos en 2017 por motivos de salud y, en un espectáculo al aire libre en Detroit ante 15.000 personas, pidió al público que rezara por ella. Sin embargo, Aretha siguió actuando por todo el país con gran éxito de público y crítica" . El 3 de septiembre de 2017 actuó por última vez en el Festival de Ravinia. Finalmente, su última actuación tuvo lugar en la Catedral de San Juan el Divino de Nueva York en la gala del 25e cumpleaños de Elton John para la Fundación Elton John contra el sida el 7 de noviembre de 2017. Aretha apareció muy débil y demacrada″.

Muerte

El 13 de agosto de 2018, Aretha estaba gravemente enferma en su casa de Riverfront Towers, Detroit. Recibía cuidados paliativos y estaba rodeada de amigos y familiares; Stevie Wonder, Jesse Jackson y su exmarido Glynn Turman la visitaron en su lecho de muerte. Murió en su casa el 16 de agosto, a los 76 años, sin testamento. La causa de la muerte fue un tumor neuroendocrino pancreático maligno (pNET), distinto de la forma más común de cáncer de páncreas" .

Homenajes

Numerosas personalidades del mundo del espectáculo y de la política le han rendido homenaje, entre ellos los ex presidentes estadounidenses Bill Clinton y Barack Obama, para quienes Aretha "ayudó a definir la experiencia estadounidense". El activista por los derechos civiles Al Sharpton la definió como "un icono de los derechos civiles y el humanitarismo". Elton John declaró: "La pérdida de Aretha Franklin es una conmoción para todos los que aman la música de verdad: la música que sale del corazón, del alma y de la iglesia. Su voz era única, su habilidad como pianista subestimada. Era una de mis pianistas favoritas [...] La adoraba y reverenciaba su talento. Que Dios la bendiga.

Paul McCartney, Diana Ross, Christina Aguilera, Beyoncé, Britney Spears, Bruno Mars, Lady Gaga, John Legend, The Rolling Stones, Billy Joel, Ricky Martin, Carole King, Annie Lennox, Ariana Grande, Shawn Mendes, Céline Dion, Line Renaud reaccionan a la muerte de la cantante" .

En un comunicado de prensa, la Ministra francesa de Cultura, Françoise Nyssen, declaró: "Con Aretha Franklin, hemos perdido a una inmensa intérprete con una voz poderosa e inolvidable. Durante más de 60 años, en Estados Unidos y en los escenarios del mundo entero, puso su talento al servicio del gospel, del rhythm and blues, del jazz y sobre todo de la música soul, de la que era la reina. Recordaremos sus álbumes antológicos, sus grandes conciertos, su canto en el funeral de Martin Luther King y en la toma de posesión de Barack Obama. Rindo homenaje a la gran artista -cantante y pianista- que ganó 18 *premios Grammy*. También rindo homenaje a la mujer que imponía respeto de forma natural, un respeto que cantó tan bien en una canción que se ha convertido en un éxito mundial. Rindo homenaje a su compromiso con los derechos civiles y la causa feminista.

Tras la muerte de Aretha, los fans le rindieron homenaje en las estaciones de Franklin Street, en Manhattan, y Franklin Avenue, en Brooklyn. El operador del sistema de metro, la Metropolitan Transportation Authority, colocó más tarde pegatinas temporales en blanco y negro con la palabra "Respect" junto a las señales con el nombre de "Franklin". Su estrella en Hollywood Boulevard estaba decorada, al igual que su casa natal en Memphis. Los fans también se congregaron ante la iglesia baptista New Bethel de Detroit y el teatro Apollo de Nueva York. Su música sonó frente a los edificios durante varios días.

Al igual que la activista Rosa Parks en 2005, sus restos se exponen durante tres días en el Museo Charles H. Wright de Historia Afroamericana de Detroit.

Funeraria

El 19 de agosto se celebró una misa en su memoria en la Iglesia baptista New Bethel. Miles de personas le rindieron homenaje durante una exposición pública en el Museo Charles H. Wright de Historia Afroamericana. Decenas de miles de personas acudieron a ver los restos de Aretha Franklin durante tres días.

El funeral, celebrado el 31 de agosto en el Greater Grace Temple de Detroit, incluyó homenajes de celebridades, políticos, amigos y familiares. La ceremonia es retransmitida en directo por las agencias de noticias Fox News, CNN, The Word Network, BET y MSNBC.

Entre los asistentes a la ceremonia se encontraban Ariana Grande, Bill Clinton, Al Sharpton, Louis Farrakhan, Faith Hill, Fantasia, The Clark Sisters, Ronald Isley, Angie Stone, Chaka Khan, Jennifer Holliday, Loretta Devine, Jennifer Hudson, Queen Latifah, Shirley Caesar, Stevie Wonder, Eric Holder, Gladys Knight, Cedric the Entertainer, Tyler Perry, Smokey Robinson y Yolanda Adams.

A petición de Aretha, el reverendo Jasper Williams Jr. de la Salem Baptist Church de Atlanta ofició la ceremonia. Alrededor de un centenar de Cadillac Roses recorrieron Detroit para rendir homenaje a Aretha y a su canción *Freeway of Love*.

Tras una procesión televisada a lo largo de Seven Mile Road, Aretha Franklin fue enterrada en el cementerio Woodlawn de Detroit.

Activismo

Papel en el movimiento por los derechos civiles

En 1967, *Respect se* convirtió en un himno de los derechos civiles. La demanda de respeto de Aretha resonó inmediatamente en un momento en que la comunidad afroamericana exigía respeto y consideración. "El *respeto era* una necesidad para toda una nación, para el hombre y la mujer de la calle, el hombre de negocios y la madre, el bombero y el maestro. Todo el mundo exigía respeto. Fue también el grito de guerra del movimiento por los derechos civiles", escribió Aretha en sus memorias.

El compromiso de Aretha con el movimiento por los derechos civiles viene de lejos. Aretha creció en Detroit en la década de 1950, rodeada desde niña de las más grandes figuras del movimiento por los derechos civiles. Su padre, ministro baptista, era militante y estrecho colaborador de Martin Luther King. En 1963, organizó la Marcha de la Libertad de Detroit, en aquel momento la mayor manifestación por los derechos civiles jamás organizada en Estados Unidos. Martin Luther King recitó la primera versión de su famoso discurso "*Tengo un sueño*", unos meses antes de su gran marcha sobre Washington. El reverendo Martin Luther King desempeñó un papel esencial en la vida de Aretha. King era un asiduo de la iglesia del pastor C.L. Franklin y se alojaba en casa de los Franklin cuando estaba en Detroit. Se convirtió en una fuente de inspiración para la joven Aretha.

A los 16 años, se fue de gira con Martin Luther King, poco después de grabar su primer álbum. Diez años después, cantó en su funeral. Cantó *Precious Lord Take My Hand*, la canción favorita del Reverendo. Una canción que cantó varias veces para el Reverendo, sobre todo después de una reunión en el McCormick Place de Chicago en 1963. Esa noche, Dinah Washington, Mahalia Jackson y Aretha fueron invitadas a cantar. Taylor Branch, que escribe en *America in The King Years,* recuerda la velada: "Las tres mantuvieron al público en vilo hasta las dos de la madrugada, pero Aretha ganó todos los votos con su interpretación del himno final (...). Con una conmovedora lectura de *Precious Lord, Take My Hand*, dejó al público estupefacto, convencido de que había presenciado un momento histórico" Aretha cantaría para Martin Luther King en varias ocasiones por todo el país. "La negritud es sinónimo de belleza, pero también de sufrimiento y lucha", afirma Aretha. Desde principios de los sesenta, una cláusula de su contrato informaba a los promotores de que no actuaría para públicos segregados.

En 1970, pidió la liberación de la activista Angela Davis y se ofreció a pagar su fianza' . Después declaró públicamente:

"Mi padre [el reverendo C.L. Franklin, de Detroit] me aconseja que no hable, pero debo permanecer fiel a mis convicciones. Angela Davis debe ser liberada. Los negros que han sido injustamente encarcelados deben ser liberados. Yo mismo fui encarcelado [tras una manifestación en Detroit] y sé que hay que protestar para que te respeten. La cárcel es un infierno. Pido a la justicia que haga su trabajo, no porque crea en el comunismo, sino porque Angela Davis es una mujer negra y lucha por la libertad de los negros. Tengo el dinero; lo conseguí de la gente negra - ellos me hicieron financieramente capaz de tenerlo, así que quiero usarlo para ayudar a nuestra gente".

El activista Jesse Jackson explica: "Cuando teníamos problemas para recaudar fondos debido a la postura antibelicista del Dr. King, ella cantaba gratis, recaudando dinero para la causa. Una noche, en Houston (Texas), estaba en el escenario y lanzaron gases lacrimógenos contra el ventilador. Ella siguió cantando, se mantuvo en pie". Jesse Jackson también declaró a *USA Today* que Aretha financió docenas de manifestaciones y campañas a favor de los derechos civiles. Sin embargo, Aretha nunca las ha promovido públicamente. Públicamente, Aretha sigue siendo discreta sobre su compromiso. Su productor Jerry Wexler explica que "ella no hablaba de ello".

"Para ella, sus opiniones pertenecían a su vida privada. Dedicó mucho tiempo a Martin Luther King, pero nunca se involucró en polémicas ni en eslóganes fáciles. Por encima de todo, sus posiciones se basaban en sus creencias y su fe.

Para Dr Bernice King, hija de Martin Luther King, Aretha es un "ejemplo impresionante" de cómo puede utilizarse la música para lograr el cambio social. "Como activista, no sólo utilizó su voz para entretener, sino para transmitir mensajes e inspirar a generaciones y generaciones. Sus canciones se han convertido en himnos a la libertad". Después de *Respect*, las canciones *Chain of Fools*, *A Change Is Gonna Come*, *Think* y *Young, Gifted & Black* encarnaron el movimiento a lo largo de las décadas de 1960 y 1970. La fuerza de su voz y su seguridad se convirtieron en símbolos de orgullo y fortaleza. "Su música transmitía la energía eléctrica característica de este periodo crucial", explica Sébastien Danchin en su biografía de la cantante. John Lewis, figura histórica del movimiento, declara:

"Cuando cantaba, encarnaba aquello por lo que luchábamos y su música nos fortalecía. Nos daba energía. Era como una musa cuyas canciones nos daban fuerzas para seguir adelante. Su música nos daba un mayor sentido de determinación para no rendirnos nunca y mantener la fe".

En las décadas siguientes, Aretha Franklin se convirtió en el rostro y la voz principal de los derechos civiles de los afroamericanos. Naturalmente, Barack Obama, el primer presidente afroamericano, la eligió para cantar en su toma de posesión. La presencia de Aretha simbolizó la victoria del movimiento por los derechos civiles.

A su muerte, se destacó su impacto en el movimiento por los derechos civiles. Barack Obama dijo: "En su voz podíamos leer nuestra historia, en toda su extensión y en todos sus matices: nuestro poder y nuestras penas, nuestro lado oscuro y nuestra luz, nuestra búsqueda de redención y el respeto que nos ganamos por las malas". La NAACP, la principal organización de defensa de los derechos civiles, que la premió por su labor en 2008, afirma:

"Nadie puede hablar del movimiento por los derechos civiles o de música sin presentar sus respetos a la Reina del Soul.

Figura feminista

En *The Death Of Rhythm & Blues*, el crítico Nelson George afirma: "Aretha expresaba todo lo que una mujer negra podía ser en una época en que sus contemporáneas (Diana Ross, Tina Turner, Dionne Warwick, Martha Reeves e incluso Gladys Knight) estaban encerradas en un papel subordinado por las decisiones artísticas de los productores masculinos".

Para generaciones de mujeres, Aretha es un modelo que ha representado no sólo la lucha por la igualdad de derechos, sino también la igualdad de género.

Entre sus grandes canciones feministas figuran Think, Respect y Do Right Man, Do Right Woman: Think, *Respect* and Do Right Man, *Do Right Woman*.

En *Do Right Man, Do Right Woman*, canta en respuesta a *It's a Man's Man's Man's World* de James Brown:

"Una mujer es sólo humana
Deberías entender
que no es sólo un juguete
Es de carne y hueso igual que su hombre
[...]
Dicen que es un mundo de hombres
Pero no puedes demostrarlo por mí
Y mientras estemos juntos nena
Muéstrame algo de respeto".

En *Think*, pide a su hombre que piense detenidamente en las consecuencias de sus actos y en el daño que le hace:

"Mejor piensa (piensa)
Piensa en lo que intentas hacerme".

Por último, en *Respect*, transforma la letra escrita por Otis Redding y la canción de connotaciones machistas en un himno feminista:

"What you want
Baby, I got it
What you need
¿Sabes que lo tengo?
All I'm askin'
Is for a little respect when you get home (just a little bit)
Hey baby (just a little bit) when you get home (
Just a little bit) mister (just a little bit)".

Respect sigue siendo la canción feminista más emblemática de Aretha Franklin. La canción fue cantada y grabada originalmente por Otis Redding en 1966. Sin embargo, la canción no fue un éxito. Al año siguiente, Aretha decidió grabar su propia versión. Reescribió parte de la letra, cambió el ritmo de la canción y añadió un puente en el que coreaba cada letra de R-E-S-P-E-C-T. "Todo *lo que pido es un poco de respeto cuando vuelva a casa*" se convirtió en "*todo lo que pido es un poco de respeto cuando vuelvas a casa*". David Ritz, en su biografía de la cantante, afirma: "Su versión es tan profunda y está tan llena de angustia, determinación, tenacidad y todas esas emociones contradictorias que se ha convertido en un himno". El propio Otis Redding reconoció que Aretha se había apropiado de su canción. La canción permaneció 12 semanas en lo más alto de las listas estadounidenses.

Mujer de éxito, segura de sí misma, fuerte y con talento, Aretha se convirtió en un modelo para muchas mujeres. Fue la primera mujer en entrar en el Salón de la Fama del Rock and Roll en 1987 y la segunda en hacerlo en el Salón de la Fama de la Música del Reino Unido. También fue la primera mujer negra en aparecer en la portada de la revista *Time*.

Fue la primera mujer que cantó en el Palais des Sports de París en 1977. Las entradas para el concierto se agotaron.

Política de privacidad

Dónde vivir

Criada en Detroit, Aretha Franklin se trasladó a Nueva York en los años sesenta antes de instalarse en Los Ángeles a mediados de los setenta. Se instaló en Encino, donde vivió hasta 1982.

Después regresó a Bloomfield Hills, en los suburbios de Detroit (Michigan), para estar cerca de su padre, que estaba en coma tras un robo en su casa. Permaneció en Detroit hasta la muerte de él en 2018.

Tras un incidente en 1984, desarrolló una fobia a volar que le impedía viajar al extranjero; posteriormente actuó sólo en Norteamérica y rechazó varias invitaciones de la Reina Isabel II.

Niños

Aretha Franklin es madre de cuatro hijos.

Dio a luz a su primer hijo, llamado Clarence en honor a su padre, el 28 de enero de 1955, a la edad de 12 años. Los rumores atribuían la paternidad a Donald Burk, un chico al que había conocido en el colegio. Sin embargo, en uno de sus testamentos manuscritos descubierto en 2019,

Aretha reveló que el padre era Edward Jordan, también padre de su segundo hijo᾽ .

El 31 de agosto de 1957, Aretha Franklin tuvo un segundo hijo con Jordan, llamado Edward Derone Franklin. Sin embargo, Aretha nunca anunció públicamente la identidad del padre, y sus dos hijos llevaron no obstante su apellido: Franklin᾽ .

Su tercer hijo, Ted White Jr, nació en febrero de 1964 con su marido de entonces, Theodore "Ted" White. Ted White Jr era conocido profesionalmente como Teddy Richards y tocó la guitarra para su madre durante toda su vida.

Por último, su hijo menor, Kecalf Cunningham, nacido en abril de 1970, es hijo de su road manager Ken Cunningham. Kecalf proviene de las iniciales de sus padres, KEC por Ken E. Cunningham y ALF por Aretha Louise Franklin.

Amar la vida

Aretha Franklin se casó dos veces. Se casó con Ted White en 1961 a la edad de 19 años᾽ . Aretha conoció a White en una fiesta en su casa en 1954. White era entonces pareja de la cantante de blues Dinah Washington. Tras un matrimonio controvertido y algunos episodios de violencia doméstica, Aretha se separó de Ted en 1968 y se divorció de él en 1969᾽ .

Aretha Franklin se casó con el actor Glynn Turman el 11 de abril de 1978, en la iglesia de su padre en Detroit. Aretha se convirtió en madrastra de los tres hijos de Glynn de un matrimonio anterior. Aretha y Glynn se separaron definitivamente en 1982, después de que Aretha regresara a Michigan. La pareja se divorció en 1984.

En 2012, Aretha Franklin anunció su próximo matrimonio con Willie Wilkerson, su pareja desde hacía muchos años. Ella y Wilkerson ya se habían comprometido en dos ocasiones anteriores. Sin embargo, Aretha canceló la boda sin dar explicaciones' .

También se dice que Aretha Franklin mantuvo relaciones con los cantantes Sam Cooke, James Brown y Dennis Edwards, del grupo Motown The Temptations. Edwards inspiró la canción *Day Dreaming'* .

Hermanos y hermanas

Las hermanas de Aretha Franklin, Erma y Carolyn, eran cantantes profesionales y cantaron en muchas de las grabaciones de Aretha, sobre todo para Atlantic Records. Su hermana Carolyn Franklin escribió varias canciones para Aretha, entre ellas dos grandes éxitos: *Ain't No Way* y *Angel*. Erma Franklin también acompañó a Aretha en sus giras y grabó la canción Piece of My Heart. Sin embargo, la canción no se convirtió en un éxito hasta unos años más tarde, con la versión de Janis Joplin' .

Tras el divorcio de Aretha Franklin de Ted White, su hermano Cecil se convirtió en su mánager hasta su muerte por cáncer de pulmón el 26 de diciembre de 1989. Carolyn murió de cáncer de mama en abril de 1988, mientras que Erma falleció de cáncer de garganta en septiembre de 2002. Vaughn, hermanastro de Franklin, falleció a finales de 2002. Su hermanastra, Carol Kelley (nacida Jennings en 1940), era hija de C. L. Franklin y Mildred Jennings, una feligresa de 12 años de la iglesia baptista New Salem de Memphis.

Muerte de su padre C.L Franklin

El 10 de junio de 1979, en el hotel Aladdin de Las Vegas, Aretha Franklin se enteró de que su padre, C. L., había recibido un disparo a quemarropa en su casa de Detroit. Tras seis meses en el hospital Henry Ford, C. L. fue trasladado a casa en coma. Recibió cuidados de enfermería las 24 horas del día. Aretha regresó a Detroit a finales de 1982 para ayudar a cuidar de su padre y mantener a sus hermanas.

El reverendo falleció en el New Light Nursing Home de Detroit el 27 de julio de 1984' .

Amigos íntimos en la industria musical

Aretha Franklin es amiga íntima de Stevie Wonder, Smokey Robinson, Berry Gordy, Ray Charles, Mavis Staples, Mahalia Jackson, Sam Cooke, The Four Tops, Chaka Khan, Luther Vandross, Gladys Knight, Patti LaBelle y Cissy Houston, madre de Whitney Houston -de quien es madrina. - y corista con Sweet Inspirations para Aretha". Cissy Houston hace coros en el éxito de Aretha *Ain't No Way*.

Aretha Franklin conoció a la hija de Cissy, Whitney Houston, a principios de los años setenta. Se convirtió en su madrina. Whitney la llamó "*tía Ree*" toda su vida.

Adicciones

Aretha Franklin luchó durante gran parte de su vida contra el alcoholismo, la bulimia y la adicción al tabaco, que fumaba en cadena. Dejó el alcohol en los años sesenta y el tabaco en 1992.

Opiniones políticas

Aretha Franklin es demócrata de toda la vida. Ha cantado ante varios mítines de Barack Obama, varias convenciones demócratas y para las tomas de posesión de tres presidentes demócratas: Jimmy Carter, Bill Clinton y Barack Obama".

Creencias

Era cristiana baptista y organizó varios conciertos en la iglesia baptista New Bethel de Detroit .

Controversias

En el funeral de Whitney Houston, el 18 de febrero de 2012, Aretha canceló su aparición debido a espasmos en las piernas. La cantante Dionne Warwick señaló la ausencia de Aretha en directo durante la ceremonia. Se inició una guerra mediática entre las dos artistas″ .

Aretha Franklin es conocida por sus rivalidades con varias de sus compañeras, como Barbra Streisand, Roberta Flack, Gladys Knight, Diana Ross, Luther Vandross y Tina Turner″ .

En 1976, Natalie Cole lanzó la canción *This Will Be*. La canción, inicialmente propuesta a Aretha, fue finalmente grabada por Natalie Cole, hija de Nat King Cole. La canción se convirtió en un éxito mundial. Fuertemente influenciada por Aretha, Natalie Cole ganó el premio Grammy a la mejor interpretación femenina de R&B, que Aretha había ganado todos los años durante 8 años. La etiqueta de "nueva Aretha Franklin" otorgada a Natalie Cole por la prensa provocó una rivalidad entre las dos cantantes″ .

Aretha sufre trastornos alimentarios desde la muerte de su madre a los diez años. Los medios de comunicación se han hecho eco de sus repetidos aumentos de peso. En 2011, tras un homenaje en los premios Grammy, Aretha apareció muy adelgazada. Admitió a la periodista Wendy Williams que había perdido 85 libras (unos 40 kilos)" .

En la ceremonia de los 50e Grammy Awards, celebrada el 10 de febrero de 2008, la cantante Beyoncé subió al escenario para presentar a Tina Turner. Al final de una cinta en la que cita a Aretha, entre otras, Beyoncé declara que "hay una leyenda que posee la esencia de todo: glamour, alma, pasión, fuerza, talento. Señoras y señores... defiendan a la Reina". El agente de Aretha informó de su reacción tras la ceremonia: "No sé exactamente a quién ofendí, si a los autores de los Grammy o a Beyoncé [...], pero es algo que crea polémica". Tiempo después, sin embargo, Aretha admitió que era una gran admiradora de Beyoncé' .

En 2014, David Ritz, con quien Aretha había coescrito su autobiografía, publicó *Respect: The Life Of Aretha Franklin*. Aretha dijo entonces: "Como muchos de vosotros sabéis, acaba de salir a la luz un libro basura lleno de mentiras sobre mí... [Las acciones de su autor] son obviamente vengativas: busca vengarse por haber borrado algunos pasajes salvajes que quería incluir en mi libro hace 15 años. Es evidente que me tiene manía desde entonces". El libro repasa sus primeros embarazos, las personalidades de su padre y su madre, sus rivalidades con sus compañeros, su gran timidez, sus celos, sus excesos de diva, su bulimia, sus depresiones y su adicción al alcohol. David Ritz critica a Aretha por intentar pintar una imagen idílica de su vida en los medios de comunicación, omitiendo las dificultades y los momentos dolorosos de su propia vida" .

Tras la muerte de Aretha Franklin, el Presidente Donald Trump declaró que la conocía bien y que había trabajado para él en varias ocasiones. Esta declaración causó revuelo, pues muchos recordaron que Aretha Franklin se había negado a cantar en la ceremonia de investidura de Donald Trump. Él quería que cantara para "reconciliar al país" tras su elección, pero ella declaró que ninguna cantidad de dinero podría convencerla de que fuera a tocar para él' .

En los MTV Video Music Awards 2018, Madonna fue invitada a rendir homenaje a Aretha. El homenaje fue considerado megalómano, lo que obligó a Madonna a reaccionar ante la polémica. Ella dijo: "¡Me pidieron que presentara el premio al Vídeo del Año! Luego me pidieron que compartiera anécdotas de mi carrera relacionadas con Aretha Franklin. Mencioné una etapa de mi carrera y di las gracias a Aretha por inspirarme. ¡No quería rendirle homenaje! No le habría hecho justicia en ese contexto. Desgraciadamente, la gente tiene poca capacidad de atención y se apresura a juzgar. Me encanta Aretha.

Premios

Aretha Franklin ha ganado 18 premios Grammy y ha sido nominada 44 veces en sus cuarenta y cinco años de carrera, así como 1 premio Dove. Todavía ostenta el récord a la mejor *interpretación* vocal femenina de R&B, con 11 victorias (8 de ellas consecutivas entre 1968 y 1975).

Matrícula de honor
- En 1979, recibió su estrella en el Paseo de la Fama de Hollywood.
- En 1985, su voz fue declarada "recurso natural" por el Estado de Michigan.
- En 1987, se convirtió en la primera mujer en ingresar en el Salón de la Fama del Rock and Roll.
- En 1991, la Academia Nacional de Artes y Ciencias de la Grabación le concedió el premio Grammy Leyenda.
- En 1994 recibió el Grammy Lifetime Achievement Award.
- En 1994, fue galardonada por el Kennedy Center
- En 1997 ingresó en el Salón de la Fama de los Premios NAACP Image Awards.
- En 1999, Bill Clinton le concedió la Medalla Nacional de las Artes.

- En 2005, George W. Bush le concedió la Medalla Presidencial de la Libertad.
- En 2005, se convirtió en la segunda mujer en ingresar en el Salón de la Fama de la Música del Reino Unido.
- En 2005 ingresó en el Salón de la Fama de Leyendas del Rock and Roll de Michigan.
- En 2008, fue *Persona del Año MusiCares* junto a Michael Jackson
- En 2008, la NAACP le concedió *el premio Image Awards Vanguard.*
- En 2010, ocupó el primer puesto en la lista de los "100 mejores cantantes de todos los tiempos" de la revista *Rolling Stone* y el noveno en la de los "100 mejores artistas de todos los tiempos" .
- En 2010, un asteroide, (249516) Aretha, fue bautizado en su honor.
- En 2011, la ceremonia de los Grammy rindió homenaje a la cantante con un popurrí de sus clásicos en el que participaron Christina Aguilera, Florence Welch, Jennifer Hudson, Martina McBride y Yolanda Adams.
- En 2011, fue clasificada en el puesto 19e entre los 100 mejores artistas de todos los tiempos por Billboard Hot
- En 2012 ingresó en el Salón de la Fama de la Música Gospel de la GMA por ser "la voz del

movimiento por los derechos civiles, la voz de la América negra" y un "símbolo de la igualdad de los negros".

- En 2002 y 2012, encabezó la lista *"Women Who Rock*: 50 Greatest Albums of All Time" con su álbum *I Never Loved a Man the Way I Love You*. Quedó primera, por delante de *Blue,* de Joni Mitchell, y *Dusty In Memphis*, de *Dusty* Springfield.
- En 2015, Billboard la nombró la mejor artista femenina de R&B de todos los tiempos.
- El 8 de junio de 2017, la ciudad de Detroit le rindió homenaje rebautizando parte de Madison Street, entre Brush Street y Witherell *Aretha Franklin Way*.
- El 29 de enero de 2018, Gary Graff confirmó que Jennifer Hudson interpretará a Aretha Franklin en un próximo biopic previsto para finales de 2020.
- En 2018, fue incluida en el Salón de la Fama de la Música de Memphis.
- En 2018, los American Music Awards le rindieron homenaje en un popurrí góspel que incluía a Gladys Knight, Donnie McClurkin, Ledisi, Cece Winans y Mary Mary.
- ¡El 13 de enero de 2019, un concierto homenaje, *Aretha! A Grammy Celebration for the Queen of Soul*, tiene lugar en el Shrine Auditorium de Los

Ángeles. Smokey Robinson, Barbra Streisand, Janelle Monáe, Alicia Keys, John Legend, Kelly Clarkson, Celine Dion, Alessia Cara, Patti LaBelle, Jennifer Hudson, Chloe x Halle, H.E.R., SZA, Brandi Carlile, Yolanda Adams y Shirley Caesar participan en el concierto' .

- En 2019, Fantasia Barrino-Taylor, Andra Day y Yolanda Adams cantaron *A Natural Woman (You Make Me Feel Like) en* la 61e ceremonia de los premios Grammy.
- En 2019, fue galardonada a título póstumo con el Premio Pulitzer "[por] su indeleble contribución a la música y la cultura estadounidenses durante más de cinco décadas". Aretha es la primera mujer en recibir una Mención Especial del Premio Pulitzer.
- El 2 de septiembre de 2019, el departamento de Seine-Saint-Denis inaugura un nuevo colegio Aretha-Franklin en la ciudad de Drancy.
- En 2020, *National Geographic* ha anunciado la emisión de una serie de 12 capítulos *Genius: Aretha* a finales de este año protagonizada por Cynthia Erivo en el papel de Aretha Franklin. La serie recorre la carrera y la vida de la cantante' .
- En 2020 ingresó en el Salón Nacional de la Fama de la Mujer.

Discos y patrimonio musical

Aretha Franklin ha ejercido una enorme influencia en la música contemporánea.

- En R&B/Soul contemporáneo inspirando a Lauryn Hill, Adele, Amy Winehouse, Beyoncé, Mary J. Blige, Alicia Keys, Jennifer Hudson, Erykah Badu, Janelle Monae, Duffy y Bruno Mars."
- Sobre música electrónica y de baile con David Mancuso, Larry Levan, Frankie Knuckles, Black Box, C+C Music Factory, Zeds Dead, Jauz, Mura Masa, Romare, Floorplan y Robert Hood.
- Rap con Kanye West, Fugees, Jay-Z , Meek Mill, OutKast, Onyx, Mos Def, Styles P, Dr. Dre, Roxanne Shanté, Rapsody, Public Enemy, Cam'ron, T.I., A Tribe Called Quest, Yasiin Bey, Mobb Deep, P.Diddy"
- Música country con Dolly Parton, Tammy Wynette, Kitty Wells, Kenny Rogers, Clint Black, Chris Stapleton, Trisha Yearwood
- Sobre la música disco de los 70 con Donna Summer, Gloria Gaynor, The Pointer Sisters, Martha Wash y Loleatta Holloway
- Sobre el rock de los 70 con Queen, Elton John, Carole King, The Rolling Stones y Paul McCartney'
- En el pop de los 80 con Annie Lennox, George Michael, Luther Vandross, Madonna, Prince y Michael Jackson'

- Sobre las vocalistas de los 90 y el uso del melisma con Mariah Carey, Whitney Houston y Celine Dion"
- Música pop de 2000-2010 con Lady Gaga, Christina Aguilera, Britney Spears, Norah Jones, Justin Timberlake, Justin Bieber, Shawn Mendes y Ariana Grande."

En 2002, la Biblioteca del Congreso incluyó Respect, de Aretha Franklin, en el Registro Nacional de Grabaciones. Respect fue incluida en la lista de "Canciones del Siglo" por la Recording Industry of America y el National Endowment for the Arts.

I Never Loved a Man the Way I Love You (álbum) está incluido en *1001 Albums You Must Hear Before You Die* (2005) y *1.000 Recordings to Hear Before You Die* (2008).

El instituto demoscópico YouGov estima que Aretha Franklin es la artista de soul y funk más popular de Estados Unidos, sólo superada por Stevie Wonder. Aretha Franklin es descrita por sus fans como: una gran intérprete, talentosa, legendaria, entretenida y asombrosa. Obtuvo un 74% de opiniones positivas, un 4% de opiniones negativas y un 14% de opiniones neutras. El 93% de los encuestados ya había oído hablar de Aretha Franklin. Con un 40% de opiniones positivas, Aretha Franklin es más popular entre los baby boomers que entre otros grupos de edad. Con un 52% de opiniones positivas, Aretha Franklin es más popular entre las mujeres que entre los hombres.

Revista *Billboard*

Aretha Franklin es la cantante femenina con más éxitos en las listas de la era del rock (1955-2012). Tiene 112 sencillos en la lista Billboard: 77 éxitos en la lista Billboard Hot 100, 17 éxitos en el Top 10 de pop, 100 éxitos en la lista Billboard R&B, 20 de ellos números 1.

En 2020, con el lanzamiento de una versión en solitario de la canción *Never Gonna Break My Faith*, Aretha Franklin situó oficialmente una canción en el número 1 en cada década desde los años sesenta.

Las 10 mejores críticas de Pop y R&B :

Hot R&B/Hip-Hop Songs

- N° 1 : *Respect* (1967) ; *I Never Loved a Man (the Way I Love You)* (1967) ; *Baby, I Love You* (1967) ; *Chain of Fools* (1967) ; *(Sweet Sweet Baby) Since You've Been Gone* (1968) ; *Think* (1968) ; *Share Your Love with Me* (1969) ; *Call Me* (1970) ; *Don't Play That Song (You Lied)* (1970) ; *Bridge Over Troubled Water (1971)* ; *Spanish Harlem* (1971) ; *Day Dreaming* (1972) ; *Angel* (1973) ; *Until You Come Back to Me (That's What I'm Gonna Do)* (1973) ; *I'm in Love* (1974) ; *Something He Can*

Feel (1976) ; *Break It to Me Gently* (1977) ; *Jump to It* (1982) ; *Get It Right* (1983) ; *Freeway of Love* (1985)

- N° 2: *(You Make Me Feel Like) A Natural Woman* (1967); *The House That Jack Built* (1968); *Rock Steady* (1971); *Who's Zoomin' Who* (1985); *Jimmy Lee* (1986)
- N° 3: *I Say a Little Prayer* (1968); *The Weight* (1969); *I Can't See Myself Leaving You* (1969); *Spirit in the Dark* (1970); *The Thrill Is Gone* (1970); *You're All I Need to Get By* (1971); *United Together* (1980)
- N° 5: *Eleanor Rigby* (1969) ; *Border Song (Holy Moses)* (1970) ; *It Isn't, It Wasn't, It Ain't Never Gonna Be* (1989) ; *Willing to Forgive* (1994) ; *A Rose Is Still a Rose* (1998) ; *I Knew You Were Waiting (For Me)* (1987)
- N° 6: *Operation Heartbreak* (1961); *Ain't Nothing Like the Real Thing* (1974); *Without Love* (1974); *Love All the Hurt Away* (1981)
- N° 7: *Won't Be Long* (1960); *All the King's Horses*(1972); *April Fools* (1972); *Every Girl (Wants My Guy)* (1983)
- N° 8 :*Maestro de Ojos (La Profundidad de tus Ojos)* (1973)

- Nº 9: *Ain't No Way* (1968); *See Saw* (1968); *Oh Me Oh My (I'm a Fool for You Baby)* (1971); *Another Night* (1986)
- Nº 10: *Today I Sing the Blues* (1960); *My Song* (1968); *Look into Your Heart* (1977)

Billboard Hot 100

- Nº 1: *Respect* (1967); *I Knew You Were Waiting (For Me)* (1987)
- Nº 2: *Chains of Fools* (1967), *Spanish Harlem* (1971)
- Nº 3: *Hasta que vuelvas a mí* (1973); *Freeway of Love* (1985)
- Nº 4: *Baby, I Love You* (1967)
- Nº 5: *Since You've Been Gone* (1968); *Day Dreaming* (1972)
- Nº 6: *La casa que construyó Jack* (1968), *Puente sobre aguas turbulentas* (1971)
- Nº 7: *See Saw* (1968); *Think* (1968); *Who's Zoomin' Who* (1985)
- Nº 8: *Una mujer natural* (1967)
- Nº 9: *I Never Loved a Man (the Way I Love You)* (1967), *Rock Steady* (1971)
- Nº 10: *I Say a Little Prayer* (1968)

Discografía

Aretha Franklin ha grabado un total de 42 álbumes de estudio y ha vendido más de 75 millones de discos. En Estados Unidos, 14 de sus álbumes han sido certificados discos de oro. Su álbum más vendido es Amazing Grace, el álbum de gospel más vendido de la historia.

Álbumes en directo

- 1968: *Aretha en París*

- 1971: *Aretha en directo en el Fillmore West (en)*

- 1972: *Amazing Grace (en)*

- 1987: *Un Señor, una fe, un bautismo*

- 2005: *Don't Fight the Feeling: Live at Fillmore West (con King Curtis)*

- 2007: *Oh Me, Oh My: Aretha en directo en Filadelfia 1972*

Filmografía

- 1980: *The Blues Brothers*

- 1998: *Blues Brothers 2000*

- 2000: *Immaculate Funk* (documental)

- 2003: *Tom Dowd y el lenguaje de la música* *(*documental)

- 2003: *Cantando en la sombra: los hijos de la realeza del rock* (documental)

- 2019 : *Amazing Grace (en)* (documental de Sydney Pollack)

Posteridad

Apoyo a Black Lives Matter

En 2020 se publicó una versión en solitario de su dúo con Mary J. Blige *Never Gonna Break My Faith.* La canción va acompañada de un vídeo musical que muestra las protestas desde la época de los derechos civiles hasta la actualidad. La canción se lanza en apoyo al movimiento Black Lives Matter y en respuesta al asesinato de George Floyd en Minneapolis. Ella canta:

"Mi Señor, ¿no les ayudarás a entender que cuando alguien le quita la vida a un inocente, en realidad nunca ha ganado, porque todo lo que ha hecho es liberar el alma, donde se supone que debe estar?
Mi Señor, no les ayudarás a entender que cuando alguien toma la vida de un hombre inocente, nunca han ganado realmente, porque todo lo que han hecho es liberar el alma - donde se supone que debe estar."

Intercambios

Sus canciones se interpretan regularmente en los programas *The Voice de todo* el mundo. Entre sus canciones más versionadas figuran *Respect, (You Make Me Feel Like) A Natural Woman, I Say a Little Prayer, Ain't No Way, Chain of Fools* y *Think*.

Los Divaz participaron en el concurso Destino Eurovisión en 2019 con la canción *La Voix d'Aretha*. El grupo perdió en la final, en la que el público eligió a Bilal Hassani.

Influencia musical

Jean-Jacques Goldman dice que la canción *Think* de Aretha Franklin fue la razón por la que decidió convertirse en cantante, y Adele la describe como su favorita.

En el cine y la televisión

En 2021, *National Geographic le dedicará* la tercera temporada de su serie *Genius*, siguiendo los pasos de Albert Einstein y Pablo Picasso. La cantante está interpretada por Cynthia Erivo.

Ese mismo año se estrenó la película biográfica *Respect*, protagonizada por Jennifer Hudson en el papel de Aretha.

Otros libros de United Library

https://campsite.bio/unitedlibrary

Milton Keynes UK
Ingram Content Group UK Ltd.
UKHW020749100124
435791UK00016B/484